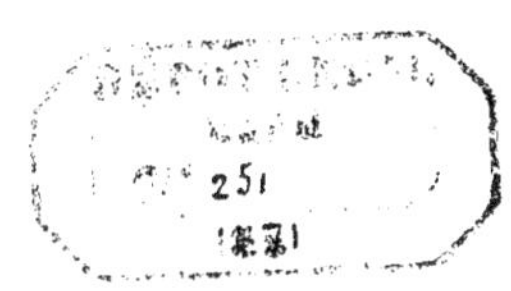

ESSAI

D'UNE

CLASSIFICATION STRATIGRAPHIQUE

Des Terrains du Gard, par étages

ESSAI

D'UNE

CLASSIFICATION STRATIGRAPHIQUE

DES TERRAINS DU GARD, PAR ÉTAGES

PRÉCÉDÉ DE

QUELQUES OBSERVATIONS SUR LE ROLE DE L'ÉTAGE

DANS LA MÉTHODE GÉOLOGIQUE

PAR

A. PARRAN

ALAIS

TYPOGRAPHIE J. MARTIN

Rue Bridaine, 4, et rue Dumas, 5

—

1871

ESSAI

D'UNE

CLASSIFICATION STRATIGRAPHIQUE

DES TERRAINS DU GARD, PAR ÉTAGES

Par M. A. PARRAN

INGÉNIEUR DES MINES, MEMBRE NON RÉSIDANT

§ I

DE L'ÉTAGE STRATIGRAPHIQUE

AU POINT DE VUE DE LA MÉTHODE NATURELLE

La Stratigraphie est la connaissance des strates ou feuillets qui forment, par leur superposition, l'enveloppe sédimentaire du Globe.

La recherche des rapports des strates d'un pays à un autre constitue la stratigraphie comparée. Celle de l'ancienneté relative des strates dans un même lieu constitue la stratigraphie chronologique.

Un des objets les plus essentiels de la stratigraphie est celui de l'équivalence des dépôts dans les pays séparés.

Il est nécessaire de préciser dans quel sens et dans quelle mesure on doit entendre cette équivalence ; car si l'on voulait établir l'assimilation des dépôts par leur coïncidence rigoureuse et absolue dans le temps, on s'imposerait gratuitement une difficulté insurmontable.

Les sédiments et les roches qui se forment à l'époque actuelle sont très-variés suivant les lieux. Les sables et galets du littoral, les grès et calcaires coquillers marins, les bancs de coraux, les deltas, les tourbes, les moraines, les tufs, les laves, constituent un ensemble de dépôts qui n'ont, le plus souvent, aucun rapport de superposition visible, et dont il serait impossible d'établir la chronologie relative, en dehors des observations directes faites pendant qu'ils se produisent ou, ce qui revient au même, en dehors des indications fournies par la nature des débris et des objets qu'ils renferment accidentellement. A plus forte raison, la chronologie, entendue ainsi, ne saurait être rétablie pour les dépôts formés dans les époques antérieures à la période actuelle et dans les époques appartenant aux périodes géologiques où les repères dus à la présence de l'homme font absolument défaut.

Le géologue se borne à établir sa chronologie sur des faits d'ancienneté relative fournis par la superposition directe des sédiments dans un même lieu. A l'aide de ces rapports, il dresse une échelle stratigraphique, incomplète d'abord, parce qu'elle est locale, mais à laquelle des observations étendues de proche en proche donnent peu à peu une amplitude et une généralité suffisantes pour qu'elle puisse s'appliquer utilement aux diverses contrées du globe.

Le géologue considère enfin comme synchroniques, parallèles ou équivalents, dans des pays séparés, les dépôts qui occupent la même position relative dans l'échelle stratigraphique, et qui présentent en outre, dans leur ensemble, certains caractères communs.

Dresser séparément les échelles stratigraphiques des pays éloignés, les rapprocher et mettre à la même hauteur les échelons qui seront reconnus équivalents par un ensemble de caractères restés communs malgré la distance, telle est l'œuvre de la stratigraphie comparée. On comprend que l'exactitude des échelles est la condition première du succès; il arrivera souvent alors, que certains degrés d'une échelle ne seront pas représentés dans l'autre, et que les lacunes se trouveront comblées par la découverte d'étages nouveaux. L'échelle stratigraphique générale ne sera complète que lorsque tous les pays du globe auront été soumis à des comparaisons de cette nature, et que le vaste domaine de la science aura été exploré dans ses confins les plus reculés Le nombre des étages naturels demeurera toutefois très-limité, et ne dépassera guère cent, si même il atteint ce chiffre. Leur épaisseur tend à augmenter avec leur ancienneté.

Nous avons dit combien étaient variés et morcelés, éparpillés pour ainsi dire, les dépôts accessibles à nos observations qui se forment dans la période actuelle; la période quaternaire diffère peu de la nôtre sous ce rapport; c'est seulement dans les dépôts de la formation tertiaire et surtout dans les plus anciens de ces dépôts, que l'on voit la condensation des sédiments s'opérer en grandes masses et le régime de la superposition dominer franchement celui de la dissémination.

Ce caractère s'accentue dans les époques de la formation crétacée; il se prononce de plus en plus, ainsi que celui de la simplification et de l'accroissement d'épaisseur, à mesure qu'on remonte la série des formations.

On ne connaît plus de dépôts lacustres bien certains, antérieurement à la formation carbonifère; et les schistes azoïques, talcschistes, micaschistes ou gneiss, qui représentent la partie la plus ancienne des sédiments, offrent partout une uniformité remarquable, en même temps qu'une épaisseur énorme.

Il résulte de là que les questions de synchronisme ou d'équivalence deviennent plus délicates à mesure qu'elles se rapportent à des formations plus modernes. Les publications scientifiques le prouvent du reste; c'est sur les équivalents jurassiques, crétacés et tertiaires, que les travaux et les discussions se sont multipliés de nos jours d'une manière si profitable à la science.

Essayons de montrer la part qui doit être faite à la méthode naturelle dans les recherches de cette nature; et d'abord la stratigraphie a-t-elle sa méthode propre et une méthode naturelle?

Nous n'hésitons pas à nous prononcer pour l'affirmative, car l'observation nous démontre que l'unité ou l'étalon stratigraphique existe réellement; que ces unités forment des groupes naturels, lesquels en forment à leur tour d'un ordre plus élevé; que ces groupes de divers ordres se retrouvent dans les pays les plus divers et qu'ils sont comparables entre eux.

La base du système, l'unité stratigraphique, l'étalon de comparaison est l'*Étage*, que nous définissons de la manière suivante :

L'Étage est la réunion ou l'ensemble d'un nombre d'assises indéterminé, mais liées par certaines conditions qui en délimitent nettement les caractères dans la plupart des cas.

L'étage ainsi défini n'est pas une abstraction de l'esprit; c'est un type très-réel qui a ses fossiles particuliers, son *facies* lithologique, son orographie spéciale, son indépendance relative, son étendue et son rôle géographique propres.

Sans doute, il ne présente pas partout, avec les mêmes traits, cette individualité complète; il perd, sur certains points, quelques-uns de ses attributs; mais lorsqu'il les possède nettement accusés sur une étendue suffisante pour exclure toute idée de fait purement local, il prend son rang et son état civil dans la science; il devient comme le zechstein, le keuper, l'oxfordien, un de ces types familiers qui servent en tous lieux de points de repère, et qui sont les plus solides appuis de l'observateur.

L'étage est l'unité simple, l'étalon stratigraphique; il possède un caractère de personnalité et de généralité suffisant pour être reconnu à de grandes distances, en même temps qu'il donne déjà à lui seul, lorsqu'il est signalé dans une contrée, une notion assez précise du sol, à ceux qui ne l'ont pas visité.

Aussi, la recherche et la spécification de l'étage sont-elles devenues, par la force même des choses, l'objet essentiel des travaux stratigraphiques les plus remarqués dans ces derniers temps.

Nous pensons, toutefois, que le rôle de l'étage, au point de vue de la méthode naturelle, n'a pas été estimé généralement à sa juste valeur, et que la science aura réalisé un progrès décisif le jour où cette valeur sera appréciée et reconnue de tous comme elle mérite de l'être.

Bien que l'étage soit l'étalon de comparaison par excellence, on peut, à défaut de la connaissance des étages, comparer des groupes ou unités d'ordre supérieur, et obtenir ainsi des résultats utiles qu'une étude plus approfondie complètera plus tard.

En effet, deux ou plusieurs étages contigus se relient généralement par un certain nombre de caractères communs; ils font cause commune entre eux et bande à part, par rappor aux autres, et constituent une division ou unité d'un ordre supérieur, naturelle aussi, et qu'on doit distinguer par un mot approprié; celui de terrain nous paraît très-convenable, et c'est ainsi que les étages du grès bigarré, du muschelkak et du keuper sont associés pour former le terrain du trias.

Plusieurs terrains superposés dans leur ordre régulier peuvent aussi présenter entre eux certains caractères communs plus généraux, et former encore une division naturelle plus élevée, celle de formation; par exemple, la formation jurassique ou crétacée.

Enfin ces formations peuvent elles-mêmes se grouper en quatre périodes : azoïque, paléozoïque, secondaire, tertiaire et quaternaire; mais ici, comme dans les autres sciences naturelles, des divisions aussi générales ne conservent quelque utilité qu'au point de vue d'une description très-sommaire de pays nouveaux ou d'une très-vaste étendue.

Par contre, l'étage doit être étudié dans ses détails et décomposé en ses éléments, assises ou sous-unités, lorsqu'il s'agit de recherches locales; mais, sauf quelques exceptions correspondant à des niveaux fossilifères ou lithologiques d'une étendue exceptionnelle, tels que les lits à ossements, certaines couches charbonneuses et ferrifères, qui forment parfois des horizons d'une constance remarquable, ces subdivisions, par leur caractère essentiellement local, ne peuvent servir de termes de comparaison qu'à de faibles distances.

Nous savons que la conception d'une méthode naturelle en stratigraphie compte des adversaires déclarés.

D'Archiac (*Géologie et Paléontologie*. Paris 1866, page 346.) et d'autres auteurs n'attribuent aux classifications et divisions géologiques qu'un caractère plus ou moins artificiel, et une utilité qui se borne à faciliter l'intelligence des faits. Ils se fondent sur ce que les lacunes, indiquées pour justifier les coupures ou divisions stratigraphiques, sont plutôt en réalité des lacunes dans nos connaissances que dans la continuité des dépôts; qu'elles sont d'ailleurs plus ou moins locales et n'ont pas d'influence sur la loi générale qui préside aux évolutions physiques et biologiques du globe.

La même objection peut être faite avec autant de raison aux sciences dans lesquelles la méthode naturelle a prévalu, telles que la botanique et la zoologie; car les espèces et les genres des êtres organisés passent aussi insensiblement des uns aux autres quand on peut rétablir les séries, que les étages stratigraphiques dans une sédimentation continue.

Les divisions que nous désignons sous les noms de Formation, Terrain et Étage sont, à notre avis, des divisions naturelles, dont on fait usage suivant le degré de précision et le cadre de l'œuvre que l'on a en vue; mais qui sont susceptibles de limites bien définies dans la plupart des cas, parce qu'elles correspondent à des modifications très-appréciables des sédiments dans leur nature, leur faune et leur orientation.

L'étude des localités où l'action perturbatrice a été nulle est sans doute très-intéressante, car elle permet de saisir sur le fait la manière dont s'opère la transformation des dépôts et des espèces fossiles abandonnés aux lois de leurs évolutions naturelles; aussi ces recherches, notamment en ce qui concerne la liaison du trias au lias, du jurassique supérieur au néocomien, de la craie au tertiaire inférieur, ont-elles attiré, d'une manière toute particulière, l'attention des géologues. Mais cela ne saurait détruire en rien le fait de discontinuité et d'indépendance des étages qui s'observe dans la plupart des cas, et qui fournit les seules bases solides sur lesquelles puissent être établies les divisions stratigraphiques.

Nous avons montré que les récentes études stratigraphiques étaient actuellement dirigées, bien qu'à des degrés différents, suivant les principes de la méthode naturelle en ce qui concerne l'étage. Le moment ne nous paraît pas éloigné où ces principes se dégageront d'une manière plus précise des travaux qui tendent à en faire apprécier toute la valeur. Il se passera en stratigraphie ce qui s'est passé dans les autres sciences naturelles. La doctrine de Laurent de Jussieu était en germe dans les catalogues de Bernard ; les préparations anatomiques de Daubenton ont frayé la route à Cuvier ; les études de Verner et de Romé de l'Isle ont revêtu leur forme définitive dans les lois géométriques d'Haüy, et les découvertes des Lavoisier, des Guyton, des Berthollet ont trouvé leur expression impérissable dans la nomenclature chimique moderne.

Si la stratigraphie se trouve en retard, c'est qu'elle naissait à peine au moment où s'accomplissaient presque en même temps ces mémorables découvertes ; et cependant déjà Lehman, en 1756, dans le Hartz et l'Erzegebirge ; Fuchsel, en 1762, dans la Thuringe, définissaient nettement le vieux grès rouge, les dépôts houillers, et surtout le rothe-liegende, le zechstein, le grès bigarré et le muschelkalk, qui sont quatre étages naturels. En 1787, Verner faisait connaître les quatre périodes générales, primitive, de transition, secondaire et tertiaire. Giraud Soulavie distinguait dès 1780, dans le Vivarais, la roche éruptive pyroxénique du granite, et réunissait en un seul groupe toutes les assises calcaires renfermant des ammonites et des bélemnites.

En Angleterre, W. Smith donnait, en 1794, une série de cartes géologiques qui contenaient la nomenclature naturelle des formations secondaires, et d'une partie des formations paléozoïques, avec le double concours de la stratigraphie et de la paléontologie, et avec une précision qui assurait à la géologie anglaise une avance et une suprématie qu'elle peut revendiquer encore aujourd'hui.

Ces découvertes si profondes et si originales des Lehman, des Fuchsel, des Soulavie et des Smith, restèrent trop longtemps ensevelies dans les localités qui leur avaient donné naissance ; appliquées et généralisées dès le principe, comme elles méritaient de l'être, elles eussent singulièrement abrégé la longue période des travaux faits en l'absence de toute méthode, et où se sont dépensés les efforts et le zèle de tant d'observateurs dévoués, sans grande utilité pour la science.

La superposition des sédiments indique clairement, dans un lieu déterminé, leur âge relatif ; mais une étude très-attentive de la contrée est indispensable pour démêler ceux dont le rapprochement et la réunion en un seul faisceau peuvent constituer un étage indépendant. Les étages, une fois reconnus, donnent la clef de toutes les énigmes que le géologue n'avait pu expliquer au début de ses recherches.

Ces étages doivent être suivis jusqu'à leur limite naturelle, lorsqu'ils se terminent d'eux-mêmes, ou jusqu'à leur limite accidentelle, lorsqu'ils sont interrompus par la mer, les alluvions, les montagnes. Les différentes contrées à travers lesquelles ils ont été suivis se trouvent alors reliées stratigraphiquement, c'est-à-dire qu'il est possible d'établir l'équivalence rigoureuse des étages des unes aux autres.

Lorsque les contrées sont assez éloignées pour que cette liaison fasse défaut et que le *facies* des étages ait changé, il faut, pour comparer les étages, recourir à un caractère tout empirique, mais dont l'expérience a révélé et consacré la justesse : celui de la comparaison et de l'assimilation des fossiles. On considère comme équivalents les étages qui ont des fossiles communs en assez grand nombre pour éloigner toute idée de circonstance fortuite, ou dont les faunes et les flores présentent, à défaut de fossiles communs, un degré d'analogie apprécié comme suffisant.

Les observations faites jusqu'ici démontrent que les évolutions de la vie ont suivi une marche constante dans le temps, quel que soit le lieu ; que les plantes ont précédé les animaux ; que les trilobites ont précédé les ammonites ; que les mammifères herbivores ont précédé les carnassiers, et, pour préciser davantage, que la gryphée arquée, par exemple, a précédé la gryphée virgule, et celle-ci la gryphée colombe.

L'ordre d'apparition des êtres organisés n'a été nulle part interverti ; de plus, les espèces, une fois éteintes dans un lieu, n'y ont généralement plus reparu.

Il n'est pas certain, il est vrai, que les mêmes êtres aient vécu simultanément dans tous les lieux où l'on rencontre leurs débris, et que les couches du lias, par exemple, qui renferment la gryphée arquée, soient partout synchroniques au sens propre du mot; il est même très-probable qu'il n'en a pas été ainsi et que l'organisation n'a pas marché partout du même pas. Le mastodonte paraît avoir vécu plus tard ou plus longtemps en Amérique qu'en Europe. Aujourd'hui même nous voyons les mammifères marsupiaux cantonnés en Australie, tandis qu'ils n'existent pas sur les autres continents où ils ont vécu jadis. Les colonies siluriennes de M. J. Barrande démontrent, pour les temps les plus reculés, des faits de même nature.

Il est donc plus rationnel, suivant nous, d'admettre, pour les divers pays, une marche progressive et parallèle des phases biologiques qu'une correspondance absolue, terme pour terme, dans le temps. Aussi, comme nous l'avons indiqué plus haut, est-ce la position relative dans l'échelle paléontologique qui peut seule permettre de comparer et de considérer comme équivalents, des dépôts éloignés les uns des autres et discontinus. En se contentant de ce résultat, le seul du reste qu'il soit possible d'atteindre, on est toujours jusqu'ici resté d'accord avec les faits bien observés, et on n'a eu à relever aucune contradiction sérieuse. Il est donc permis de penser et de dire qu'on est dans le vrai.

En un mot, lorsqu'il s'agit de déterminer l'équivalence de deux ou plusieurs étages formés par des dépôts séparés les uns des autres, et qui ont perdu, par suite de la distance, toute ressemblance extérieure, le caractère paléontologique est le seul qui puisse être employé. Comme on a pu suivre ailleurs les étages en direction sur de grandes étendues et déterminer les limites entre lesquelles restent comprises les variations des faunes et des flores pour un même étage, il est possible de vérifier si les différences de fossiles propres à chacun des étages que l'on compare, restent elles-mêmes dans les limites de ces variations, et par suite si les étages peuvent être considérés comme équivalents. Du reste, à mesure que les distances deviennent plus considérables, l'assimilation des étages devient plus incertaine; elle n'a plus que la valeur d'un simple rapprochement lorsqu'on a dépassé les limites de l'extension géographique des étages.

Il est impossible de rien préciser à cet égard, tant que les cartes géologiques des grandes régions naturelles ne seront pas relevées avec les détails suffisants pour tracer les limites des étages; mais il résulte déjà de l'ensemble des observations connues, que les causes naturelles qui ont scindé, dans chacune de ces grandes régions, les dépôts sédimentaires en étages indépendants, n'ont pas agi d'une manière uniforme dans les différentes régions, et qu'elles ont amené, dans le nombre des étages et dans leurs limites respectives, des variations importantes. Toutefois, l'unité d'ordre immédiatement supérieur, le Terrain, paraît avoir conservé un degré de généralité suffisant, grâce aux caractères persistants de sa faune et de sa flore, pour servir de terme commun dans les relevés stratigraphiques les plus étendus. Le terrain houiller, le trias, le lias, par exemple, se retrouvent dans les pays les plus éloignés de ceux où ils ont été primitivement observés, et on les reconnaît toujours assez facilement.

Leurs limites extrêmes dans le sens vertical demeurent seules passibles d'une certaine variabilité.

En résumé, l'équivalence des étages, rigoureuse tant qu'elle est établie sous le double contrôle de la stratigraphie directe et de la paléontologie, conserve une valeur véritablement scientifique lorsque la discontinuité des étages et l'altération de leur *facies* ne laissent place qu'au diagnostic tiré des fossiles, mais à la condition que la comparaison ne sorte pas de la région où l'économie stratigraphique a été régie par une loi commune; au-delà, il faut se contenter, pour les étages, d'un simple rapprochement, et borner l'assimilation ou l'équivalence aux unités d'ordre supérieur, aux Terrains, d'après les données de la paléontologie.

Nous ne nous écarterons pas de notre sujet, en consacrant quelques lignes à l'explication du concours que la stratigraphie et la paléontologie peuvent et doivent se prêter mutuellement, pour assurer les progrès communs de ces deux sciences.

La paléontologie a un double but :

Elle reconstruit les espèces éteintes et, par leur comparaison avec les espèces vivantes, elle cherche à rétablir la série naturelle des êtres, telle qu'elle a existé dans le temps et dans l'espace.

Elle fait connaître, pour chaque étage, en chaque lieu, l'ensemble des fossiles qui lui sont propres, ce qui fournit ensuite au géologue le caractère empirique dont nous avons parlé pour établir l'assimilation d'étages, que la stratigraphie serait impuissante à relier par des observations directes.

L'espèce est une réunion d'individus semblables « doués d'une fécondité continue de générations en générations » séparés des autres par des caractères organiques d'une constance absolue.

Cette définition est celle de M. Deshayes, avec une légère modification : nous avons substitué les mots entre guillemets à à ceux-ci de l'auteur : *issus de parents identiques avec eux*, pour ne rien préjuger sur l'origine ou le point de départ de l'espèce, et aussi pour faire disparaître une sorte de désaccord qui semblerait résulter de l'emploi des mots *semblables* et *identiques*.

Il convient d'ajouter à la définition, ainsi que le fait M. Deshayes, l'appendice suivant :

« Si à côté des caractères d'une constance absolue, on en « rencontre d'autres qui jouissent d'une certaine variabilité, « c'est d'après ceux-là que seront établies les variétés. »

L'école de Buffon, Cuvier, Deshayes, considère les variétés comme limitées et tendant à disparaître, pour revenir au type primitif, dès que les circonstances qui les produisent cessent d'agir. Pour cette école, l'espèce est fixe et immutable.

L'école de Lamark, Saint-Hilaire, Darwin, admet que la variation des espèces s'effectue réellement sous l'empire de certaines forces, que les espèces dérivent les unes des autres par les effets de cette variation, qu'elles n'ont pas de caractères et de limites fixes, qu'elles ne présentent qu'une évolution transitoire dans le développement de l'organisme.

La première école admet, comme conséquence de son principe, la nécessité de créations distinctes dans les temps et dans les lieux. La deuxième est amenée à faire descendre d'un seul prototype tous les êtres vivants.

Ces deux tendances tiennent à la dualité de l'esprit humain : l'une est la formule analytique des faits connus; l'autre est une synthèse hardie d'un certain nombre d'observations du plus haut intérêt, mais insuffisantes encore, à notre avis, pour la démonstration de la doctrine; car, soit dans l'espace, soit dans le temps, il n'a pas été donné jusqu'ici de constater les traces positives de cette mutation des espèces. Elles demeurent séparées par des intervalles incontestables, que ces intervalles soient dus à l'imperfection de la science ou qu'ils correspondent à des lacunes naturelles dans la série des êtres. Du reste, au point de vue de la pratique, c'est-à-dire de l'étude et de la classification des êtres organisés, la détermination des espèces forme l'objet essentiel des recherches des naturalistes, à quelque école qu'ils appartiennent.

A ce point de vue aussi, la définition de M. Deshayes peut être acceptée par tous, sauf à laisser en litige la question de savoir si certaines différences de conformation dénotent une simple variété ou un changement réel d'espèce, sauf encore à attribuer les doutes au défaut de limites réelles dans l'espèce ou simplement aux difficultés du sujet.

Le caractère de la fécondité continue fait absolument défaut, dans les recherches spécifiques, pour l'immense majorité des êtres vivants et pour la totalité des êtres fossiles. On est donc réduit presque toujours à l'obligation de déterminer les espèces par l'étude des caractères organiques seuls, et même d'une partie seulement de ces caractères pour les êtres fossiles.

L'expérience et l'emploi du principe de la corrélation des caractères organiques sauvegardent suffisamment le paléontologiste contre l'erreur d'une réunion d'espèces différentes en une seule, mais ils ne le garantissent pas contre les chances d'erreur de séparation d'une seule espèce en plusieurs. Des monstruosités, des déformations fortuites, de simples variétés dues à l'âge, au sexe, à l'habitat, peuvent donner lieu à une multiplication d'espèces fautives, si l'observateur néglige d'étayer ses déterminations sur un nombre suffisant de matériaux.

Il faut rejeter, dans la détermination des espèces fossiles, le caractère empirique de leur gisement ; séparer des espèces qui ne diffèrent en rien organiquement, et par cela seul qu'elles occupent des niveaux différents sur l'échelle stratigraphique, constitue une véritable pétition de principes.

« La paléontologie, dit M. Pictet (1), est une branche de la zoo-
« logie, soumise aux mêmes méthodes qu'elle, ayant les mêmes
« règles ; et si les moyens d'investigation sont plus restreints,
« ils sont de même nature. L'étude des espèces fossiles ne
« peut pas reposer sur d'autres principes que ceux des espèces
« vivantes. Le paléontologiste doit demander au géologue les
« renseignements dont il a besoin pour connaître l'âge relatif
« et le rapport des faunes qu'il étudie ; il peut, en revanche, lui
« fournir des documents importants pour caractériser et recon-
« naître les terrains ; mais dans son travail, il ne doit être que
« zoologiste ; de même, lorsque le géologue veut se servir des
« fossiles comme caractères géologiques, il ne doit le faire que

(1) Pictet, *Etudes sur la Faune de Berrias*, Bâle et Genève, 1867, un volume in-4°.

« quand un travail paléontologique suffisant a fixé les limites, « les noms et les rapports des espèces. »

Telle est la part de la paléontologie et celle de la géologie, qui doivent demeurer parfaitement distinctes par leur méthode et ne s'associer que dans leurs applications.

---

§ II

CLASSIFICATION DES TERRAINS DU GARD

PAR ÉTAGES

—

C'est en nous guidant sur les principes que nous venons d'exposer, que nous présentons à titre d'essai la série des étages stratigraphiques du département du Gard.

Les traits les plus saillants de la géologie du Gard peuvent se résumer de la manière suivante :

Dans la partie ouest et nord-ouest du département, les terrains jurassiques, jusqu'au Vigan et à Ganges, sur la rive droite de l'Hérault, forment d'immenses plateaux appelés causses, de 800 à 900 mètres d'altitude, à bords coupés à pic dans l'oolite et à vallées profondes. Ce sont les Causses de Lacan, Causse Noir, Causse Bégon, Causse Méjan, Causse du Larsac, de Montdardier, Campestre, sillonnés de fractures profondes où coulent la Jonte, la Dourbie, la Vis.

De Ganges à Saint-Ambroix, les terrains houillers, triasiques et jurassiques, forment une bande redressée, dirigée N.-E. sensiblement, présentant une série de crêtes et de combes ou vallées allongées dans le même sens et correspondant aux divers étages de ces terrains ; les rivières de l'Hérault, du Vidourle, des Gardons et de la Cèze forment autant de coupures à travers bancs qui mettent en évidence la disposition et les caractères des étages. A Saint-Ambroix, cet ensemble s'infléchit vers les Vans dans la direction S.-N. quelques degrés ouest. Les pentes extérieures suivent à peu près l'inclinaison des bancs; les pentes intérieures sont généralement abruptes.

Les assises marneuses néocomiennes viennent s'appuyer sur la partie inférieure du talus cévennique oxfordien, et forment, entre Ganges, Saint-Hippolyte, Anduze, Alais, Saint-Ambroix, Berrias, un large sillon, dont la paroi nord ou nord-ouest est le talus oxfordien, et la paroi sud ou sud-est, une série d'escarpements néocomiens calcaires indiqués par les collines de Pedmar, de Rousson et de la Serre.

Le terrain néocomien occupe, à partir de là, tout le département du Gard, aux environs d'Alais, de Nimes et d'Uzès, dont il constitue le substratum à l'exclusion des terrains jurassiques, qui ne se montrent plus, si ce n'est dans la partie sud de l'arrondissement du Vigan.

Le terrain néocomien forme une série de bassins, communiquant les uns avec les autres par des canaux sinueux, et remplis par les sédiments postérieurs de la formation crétacée et de la formation tertiaire. Les bords de ces bassins, avec leurs roches corrodées, perforées, et leurs nombreux fossiles, huîtres, ammonites, etc., présentent tous les caractères d'anciens rivages. (Uzès, Fontcouverte, Goudargues, Montaren.)

Dans les arrondissements du Vigan, d'Alais et de Nimes, les dépressions néocomiennes sont remplies exclusivement par les sédiments tertiaires lacustres ou marins; les étages crétacés ne sont représentés que dans le bassin lacustre d'Alais à Barjac, où ils se dégagent en quelques points, (Vagnas, Saint-Jean, Allègre, Brouzet), sur la lisière orientale du bassin.

Dans l'arrondissement d'Uzès, au contraire, les dépressions néocomiennes sont occupées par la série des termes crétacés présentant, comme sur l'autre rive du Rhône, un magnifique développement, régulièrement étagé en petites chaînes ou collines, qu'une calotte de calcaire lacustre éocène couronne fréquemment (Cornillon, Saint-Victor-des-Oules), tandis que la molasse marine miocène et les marnes pliocènes occupent les bas-fonds et viennent s'appuyer en stratification contrastante sur les assises crétacées et sur les calcaires lacustres.

Un rôle orographique important est rempli par les calcaires à hippurites, qui forment les plateaux de Saint-Nazaire, de Vénejan, du Camp-de-César, si remarquables par leurs escarpements abrupts, et des fonds de bateau dans lesquels se sont déposées des assises, sableuses, argileuses et lignitifères (Piolenc, Vénejan, Cornillon, Vagnas). Le magnifique saut de la

Cèze, au hameau de la Roque, permet d'étudier sur un seul point et dans un site d'une merveilleuse beauté, les caractères essentiels du calcaire à hippurites.

Le calcaire néocomien moyen, et le calcaire néocomien supérieur (urgonien), occupent de grandes étendues sur les bords du Rhône, de l'Ardèche; ils forment le Serre de Bouquet, la plaine de Lussan, les garrigues de Nimes, et, si l'on excepte quelques calottes de molasse marine miocène, ils ne sont recouverts, sur ces vastes espaces, par aucune autre formation. Les rochers de l'étage urgonien présentent les formes les plus bizarres et les plus pittoresques, soit qu'ils décrivent aux environs de Vallon ces grands arcs naturels, dont le pont d'Arc est le type grandiose, soit qu'ils s'élancent en aiguilles, ou s'étagent en amphithéâtre aux environs de Montclus.

Comme hardiesse et singularité de formes, on ne peut leur comparer que les roches ruiniformes plaquées sur l'oxfordien, qui font du bois de Païolive, avec ses grottes, ses salles de verdure, ses dédales infinis, ses fentes verticales, où coule le Chassezac, un objet d'étude aussi précieux pour l'artiste que pour le géologue.

Il est remarquable que les routes de Lunel à Nimes et de Nimes à Beaucaire forment la limite des parties néocomiennes visibles. A partir de ces lignes, les marnes et poudingues pliocènes, en partie recouverts par le diluvium caillouteux de la plaine du Vistre et de la costière de Nimes, forment exclusivement le sol si propice à la culture des vignes, et disparaissent ensuite sous les alluvions récentes des deltas du Vidourle et du Rhône, et sous les sables du cordon littoral.

Le tableau qui suit ne doit être considéré que comme un essai dressé d'après les faits acquis à la science, et d'après nos propres observations. Nous avons la confiance que les divisions et subdivisions indiquées sont présentées dans leur ordre de superposition véritable, mais l'importance relative que nous leur attribuons sera peut-être modifiée par suite des progrès de la science, et le nombre de nos étages naturels pourra se trouver augmenté ou diminué, ou, ce qui revient au même, les accolades pourront éprouver quelques changements.

Les terrains et les fossiles de nos localités ont déjà été l'objet de recherches nombreuses dont nous avons profité, et nous espérons donner un jour l'historique détaillé de ces recherches. Nous citerons seulement, pour la seconde moitié du XVIIIe siècle, les noms de Sauvages, Astruc, Gensanne, Giraud Soulavie, et, pour une époque plus récente, MM. d'Hombres-Firmas, de Malbos et Emilien Dumas (1).

Les trois cartes publiées par Emilien Dumas et la notice lue par lui en 1846 au congrès géologique d'Alais, ont fixé d'une manière précise, à une époque où la stratigraphie comparée était peu répandue et peu avancée, les étages naturels du Gard, en ce qui concerne les terrains jurassique et néocomien. Ils ont révélé l'existence du trias et de la majeure partie du terrain houiller. Nous regrettons bien vivement que la carte d'Uzès et le texte complet, depuis longtemps préparés, n'aient pas été publiés avant la mort prématurée de notre éminent confrère. Nous aurions certainement trouvé dans ces publications toutes les données nécessaires à l'établissement d'un tableau analogue à celui que nous proposons aujourd'hui, et qui, appuyé sur l'autorité du maître, aurait acquis le degré de précision qui peut encore lui manquer. Nous espérons toutefois que ce regret sera adouci, et que des soins pieux donneront aux cartes et aux mémoires inédits de Dumas, la publicité attendue par les amis de la science.

La constitution géologique du Gard, étudiée par lui avec tant de sagacité et de désintéressement, pendant quarante années, partiellement mise au jour dans le mémoire de 1846, sera fixée d'une manière complète par cette publication, qui restera comme un monument durable des services rendus au pays par les travaux de Dumas.

Alais, le 3 mai 1871.

---

(1) Dans ces dernières années, d'intéressantes recherches s'appuyant sur les travaux d'Emilien Dumas, ont attiré l'attention des géologues. Nous citerons celles de M. Hébert sur le lias et le trias, de M. Coquand sur la craie et le calcaire à dicérates, de M. Dumortier, de M. Dieulafait sur l'oolite et l'infralias. MM. Jeanjean et Boutin ont facilité ces recherches par leurs études locales et leurs belles collections de fossiles. Ces divers travaux ont paru dans le Bulletin de la Société géologique de France.

COUPE GÉNÉRALE

DES ÉTAGES STRATIGRAPHIQUES DU GARD

AVEC

L'INDICATION DE LEUR ÉPAISSEUR MOYENNE

ET DES

Localités où ils se prêtent le mieux à l'Observation

Formations	TERRAINS	ÉTAGES	Épaisseur
Quaternaire, 20m	Alluvien 5m	Alluvions modernes, fluviatiles et paludéennes; tufs; dépôts des lagunes; sables et grès coquillers du littoral marin. Epaisseur très-variable, dépassant rarement.	5m
	Diluvien 15m	Diluvium caillouteux de la plaine du Vistre, de la Costière de Nimes, du Rhône et de la Crau. Sables limoneux, brèches osseuses à Rhinocéros Tichorinus de Meyrannes et Saint-Hippolyte-du-Fort. Cavernes à Ursus Spelœus et Hyena Spelœa, avec silex taillés, de Pondres, Mialet, Ganges; Dépôt détritique de Durfort à Elephas primigenius.	15m
Tertiaire, 313m	Tertiaire supérieur pliocène ou subapennin 33m	Marnes et Calcaires blancs lacustres. Beaucaire, Vaquières (signalés par MM. Berthon et de Roys).	8m
		Marnes argileuses, sables, cailloux et poudingues subordonnés de l'Esplanade de Nimes, formant le sous-sol des plaines de Nimes à Beaucaire et à Lunel, correspondant aux marnes de Perpignan, Nice, et aux sables marins supérieurs de Montpellier, à Ostrea Undata et Mastodon Brevirostris. Source des Bouillants, près Vergèze; débris de Mastodon Brevirostris et de Rhinocéros Megarhinus à Saint-Laurent-des-Arbres.	25m
	Tertiaire moyen ou miocène 200m	Marnes et calcaires coquillers marins. Pierre d'appareil des environs de Remoulins, Uzès, Sommières, Aiguevives, de Vers (Pont-du-Gard), de Beaucaire (niveau de l'Ostrea Crassissima et de l'Halitherium Beaumontii, Clypéastres, Pecten Terébratulœ formis) Saint-Laurent-Lavernède, Saint-Victor-des-Oules. 25m Marnes bleues de Beaucaire et de Montpellier (niveau de l'Ostrea Crispata, Goldf. et du Cerithium Plicatum (mêmes localités). 30m Nous considérons aussi comme miocènes les dépôts lacustres ci-dessous : Conglomérats d'Alais et Saint-Ambroix à la partie supérieure; marnes et argiles de Salindres et d'Arènes avec débris de Rhinocéros. Lignites à Antracothérium de Célas (Alais) et de Montolieu (Ganges).	200m

Formations	TERRAINS	ÉTAGES		Épaisseur
Tertiaire, 313m	Tertiaire inférieur ou Eocène 80m	*Calcaires lacustres*	Fissiles blancs et marnes avec Cyclades, Taxodium, Chamerops, Mélanopsides, insectes, poissons, lignites à Paleotherium, soufre, gypse, magnésite de Salinelle, Barjac, Saint-Jean-dé-Maruéjols, Cornillon, Monteils (source sulfureuse de Saint-Jean-de-Ceyrargues) (50m). Compactes ou crayeux, asphaltiques, à Melanies et Cyclades. Servas, Saint-Jean, Barjac, Monteils, Vié-Cioutat, Cornillon, Saint-Victor-des-Oules (10m). Blancs fissiles avec nombreux silex, idem, tufs à empreintes végétales de Champcrébat (20m). Emergence des sources bitumino-sulfureuses d'Euzet et des Fumades.	80m
	Classification réservée jusqu'à plus ample connaissance des faunes 200m	Conglomérats calcaires et argiles rouges avec calcaires durs de la route d'Uzès près Euzet, et du Serre-Rouge près Mons et Vié-Cioutat.		100m
		Argiles bitumineuses et lignitifères de Vagnas, Labaume, Montaren, Vénéjan, Piolenc (Vaucluse); glaises bariolées, sables et ocres de Cornillon, d'Ivagnas, de Saint-Laurent-La-vernède. (Peut-être l'examen des faunes, jusqu'ici très-peu connues à cause de la rareté des fossiles, permettra-t-il de tracer dans cet ensemble plusieurs niveaux différents.)		100m
Crétacée, 835m	Crétacé moyen 330m	Calcaires à hippurites; blancs, cristallins, durs, mouchetés de points jaunes avec grains quartzeux à la partie supérieure, jaunes à la partie inférieure, noduleux ou en plaquettes. Le banc supérieur est recouvert par un gres molasse sableux près Labaume. Hippurites organisans, Sauvagesi, Cornuvaccinum, Nérinées et Polypiers, petites Gryphées et Rhynchonelles dans les bancs supérieurs à Vénejan et Saint-Nazaire. — Bagnols, Saint-Esprit, Vénejan, Camp-de-César, le Saut-de-la-Roque, Labaume, Cornillon, Sagriés près Vagnas, Gatigues, pont de la Bouscarasse, entre Alais et Uzès (Turonien).		100m
		Grès, sables et quartzites rougeâtres à Trigonia Scabra. Environs de Saint-Esprit et Bagnols, moulin d'Auziges près Cavillargues, Saint-Laurent-Lavernède (Turonien).		80m
		Marnes grises avec nombreuses petites huîtres et Strontiane sulfatée. Bancs de grès siliceux et sables colorés, argiles réfractaires, lignites en filets. Chantemerle près Cavillargues, environs de Saint-Esprit et Bagnols, Saint-Médiers près Montaren, Saint-Quentin, Saint-Victor-des-Oules, Masmolène, Salavas (Ardèche), Allègre (Turonien).		100m

Formations	TERRAINS	ÉTAGES	Epaisseur
Crétacée, 835^m	Crétacé moyen 350^m	Grès, sables et grès calcarifères en barres avec Ostrea Columba (Cénomanien). Cornillon, environs de Saint-Esprit et Bagnols, Saint-Laurent-Lavernède, moulin du Tave, au-dessous de Pougnadoresse (lambeau à Saint-Jean-de-Maruéjols).	50^m
	Crétacé inférieur 180^m	Argiles, marnes et calcaires gris avec lignites et succin; huîtres dans le haut, coquilles d'eau saumâtre ou d'eau douce, dans les marnes et les calcaires (Ampullaria Faujassi, Cérithes ou Potamides, Cyclades) Connaux, Carsan, Saint-Alexandre, Mézerat, le Pin, Pougnadoresse, Cavillargues, Mondragon (Vaucluse).	50^m
		Grès siliceux rougeâtres ou sables jaunes. Mêmes localités, sans fossiles.	30^m
		Marnes et grès chlorités à Pecten Asper et Turrilites costatus. Calcaire siliceux lumachelle avec nombreuses Orbitolites dans le haut. Mêmes localités. Très-fossilifères à Saint-Julien-de-Peyrolas et au ravin de Mézerat.	30^m
		Grès et sables jaunes ferrugineux, généralement sans fossiles, mais présentant, à Saint-Julien-de-Peyrolas, dans leur partie supérieure, les Turrilites du sous-étage précédent et un petit lit d'ossements et de dents de poissons. Mêmes localités que ci-dessus. Rochers ruiniformes de la Capelle, Montaigu, Pougnadoresse.	25^m
		Marnes, grès et calcaires gris, mouchetés de vert avec Belemnites Minimus et Orbitolites; grès à Discoïdea à la base. Environs de la Bastide-de-Goudargues, Cavillargues, Pougnadoresse, St-Laurent-Lavernède (Gault).	25^m
		Marnes à Plicatules, à Belemnites Semicanalicutalus, grosses huîtres (O. Aquila), à la base. Fontcouverte, Goudargues, la Baume, Serviers, Cavillargues (Aptien).	20^m
	Néocomien 325^m	Calcaires blancs cristallins ou crayeux à Requienia Lonsdalii (Chama Ammonia); serre de Bouquet, grottes et arches du pont d'Arc (Ardèche), aiguilles et cirques de Montclus-sur-Cèze, pierre de Navacelle, de Lens (Maison-Carrée); sources Vauclusiennes d'Arlindes, de Nimes, d'Eure, de Goudargues (Urgonien) (D). Carrières de Barrutel (Arènes de Nimes), calcaires à syphonia à la partie inférieure de l'étage.	150^m
		Calcaires à Ostrea Couloni, Macroptera et Toxaster Complanatus, environs d'Alais, Sauve, Quissac, Ganges, rochers de Lussan (D). — 40^m — Emergence des sources de Fons à Saint-Julien-de-Valgalgues;	40^m

Formations	TERRAINS	ÉTAGES	Épaisseur
Crétacée, 835m	Néocomien 325m	Marnes et calcaires argileux avec Ammonites Asper et Astierianus. Environs de Saint-Hippolyte, Mandiargues, de Ganges et de Nimes (D). 60m De Lussan, et de la source sulfureuse intermittente de Fonsanche.	60m
		Marnes à Natica Léviathan (à la base) et à Bélemnites plates; Belemnites Latus. Ganges, Rousson, Berrias (D).	60
		Calcaires ammonitifères à Terebratula Dyphioïdes avec banc supérieur à Serpula Recta. Les Pins près Ganges, Rousson, Berrias, carrières de Salles-de-Gours et de Lascans près Pompignan (D).	15m
Jurassique, 1035m	Jurassique supérieur 150m	Calcaires blancs coralloïdes à Nérinées et Polypiers (Diceras Lucii et Terebratula Moravica). Massifs de la Sérane et du bois de Mounier. Environs de Ganges (D).	150m
	Jurassique moyen 170 à 220m	Bancs calcaires, gris clair, jaunâtres, massifs, ruiniformes, souvent magnésiens. Environs de Ganges, Saint-Hippolyte, Anduze, Alais, Bannes. Rochers cubiques et caverneux du bois de Païolive.	50m
		Calcaire gris bleuâtre, compacte, à grain fin, à strates réguliers de 0m30 à 0m50. Calcaire lithographique du Pouget, sur le Causse de Montdardier (Amm. Plicatilis, Aptychus, Bel. Hastatus). Emergence des sources de Saint-Hippolyte et de Sauve; Saint-Hippolyte, Anduze, vallon de Chaudebois (Alais) (Oxfordien) (D).	50 à 100m
		Calcaire marneux se divisant en Nodules polyédriques, avec minerai de fer alternant avec des marnes argileuses grises, avec Ammonites Plicatilis et Bel. Hastatus. Anduze, Pierremorte, Sauvas. Manque à l'O. du dép.	30m
		Marnes grises feuilletées. Mêmes localités; se développant beaucoup dans l'Est du département et dans l'Ardèche; manquant dans la partie ouest du Gard (D). Bel. hastatus.	40m
	Jurassique inférieur ou oolite 290m	Calcaire dolomitique (à la Tessone près le Vigan) se développant seulement à l'ouest et surtout dans la vallée de la Dourbie et du Trévezel, entre Gardies et Revens.	40m
		Calcaires Oolitiques et Madréporiques, avec coquilles d'eau douce, filets de houille stipite à la base. Mêmes localités, et sur les Causses Noir et Bégon, dans l'ouest du dép. excl.	60m
		Calcaires à Entroques et lamelles spathiques renfermant les gites pyriteux de Saint-Julien-de-Valgalgues, Saint-Brès, la Font-du-Roure. Dolomitiques à Anduze (nomb. sources à Vérac près Anduze); Fressac et au-delà vers l'O. (D). Encrinites Briareus. Bel. sulcatus.	50m

Formations	TERRAINS	ÉTAGES	Épaisseur
Jurassique, 1035m	Jurassique inférieur ou oolite 209m	Marnes et calcaires siliceux à fucoïdes. Vallée de l'Auzonnet et de la Cèze, aux Mages, la Vigne, Lanuéjols, Trèves, Cézas, Fressac, etc. (D). Belemnites Blainvillei.	40m
		Marnes supraliasiques à Am. Valcotti et Belemnites Tripartitus. Lanuéjols, Trèves, Cèzas, Fressac, diminuant à partir de là vers l'est, passant partout insensiblement à l'étage précédent (D).	100m
	Lias 425m	Calcaires à griphées (G. Arcuata), Bélemnites, Pentacrinites, avec nodules siliceux. La partie supérieure, à la montagne de la Sube, est formée par un calcaire noir, siliceux avec Bélemnites et gryphées Cymbium. La Fage, Durfort, bois de Vals, le Dourquier, la Sube, le Phal (Chaux hydraulyque du Soulier, sources de la Tour (Alais) (D).	300m
		Dolomies infraliasiques caverneuses avec minerai de plomb, de zinc, et pyrites. La Fage, revers nord, Mialet, gare de Bességes, Meyrannes, Robiac, Durfort (D).	100m
		Infralias. Tunnel du Fesc (Grand'Combe), Gammal, Robiac, les Salles-de-Gagnières. 25m (D) — Zone des calcaires et marnes grises avec Ammonites Planorbis; Ostrea Sublamellosa, Limes et Cardinies.	15m
		Zone des calcaires jaunes et des marnes vertes à Avicula Contorta et Tœniodon Prœcursor.	10m
Triasi-Permienne, 660m (1)	Trias peu puissant 160m	Grès, marnes gypseuses bariolées avec calcaires cariés dans la partie moyenne. Alzon, Pailhès, Saint-Bonnet, Anduze, Molières (banc de grès quartzeux blanc, à la partie supérieure de l'Etage (Keuper).	115m
		Calcaire magnésien vacuolaire avec minerais de fer, pyrite, galène. Mine de fer du Travers de Bességes, l'Églisette (Alais), Laval, puits du gouffre à la Grand'Combe, Saint-Jean-du-Gard (Muschelkalk). Sources abondantes à Saint-Jean et à Saint-Florent.	15m
		Schistes et Arkoses métallifères de la base. Carnoulès, Laval, Saint-Roman-de-Codières, Paillères (Grès bigarrés.).	30m
	Permien 500m	Manque dans le Gard. Très-développé à Saint-Affrique et Camarès (Aveyron), à Lodève et au Bousquet d'Orb. (Hérault) (500m pour mémoire).	

(1) Dans le Gard, l'Aveyron et l'Hérault, la liaison du Trias au Lias s'opère insensiblement, tandis qu'il y a une séparation tranchée entre le Trias et le Permien.

Formations	TERRAINS	ÉTAGES	Epaisseur
Carbonifère, 1755^m	Houiller supérieur 800^m	Faisceau charbonneux du Mazel, des Salles, de Molières, des Brousses, de Saint-Jean-de-Valériscle (13 couches de houille à Saint-Jean, donnant un total maximum d'environ 12 mètres de charbon); n'existe que dans le bassin de la Cèze.	300^m
		Schistes à miroirs et grès fins, micacés, stériles de la vallée de Gagnières et Doulovy (n'existe que dans le bassin de la Cèze).	250^m
		Conglomérats à gros éléments de la Chapelle Saint-Laurent, du Castellas, des Pinèdes, du moulin de Chavagnac (n'existe que dans le bassin de la Cèze).	250^m
	Houiller moyen 405^m	Faisceau houiller supérieur de Champclauson Comberedonde, montagne Sainte-Barbe, Portes village, Chauvel, Mercoirol, Martinet, Trélys, Palmesalade, Bességes supérieur, Lalle (11 couches de houille à la montagne Sainte-Barbe (Grand'Combe), donnant une épaisseur totale de charbon d'environ 18^m maximum). Fer carbonaté en rognons et en couches (D).	280^m
		Etage de grès ou poudingues. Stérile. Plans de Champclauson, les Bouziges (D).	125^m
	Houiller inférieur 550^m	Faisceau houiller inférieur de Portes, Levade, Grand'Combe, Bességes (6 couches de houille donnant une épaisseur de 18 à 20^m environ de charbon à la Grand'Combe (maximum) (D). Nous comprenons dans ce faisceau la couche Blachère des concessions de Portes et Cessous.	250^m
		Poudingues et conglomérats quartzeux de la base; stériles; rognons de minerais de fer; paillettes d'or à Abaud; — Luminières, La Jasse, Bordezac, Bességes N. (D)	300^m
		L'épaisseur maxima de charbon doit être réduite de moitié dans chaque faisceau charbonneux pour donner l'épaisseur moyenne du combustible. Partout, au sud et à l'est, le terrain houiller est recouvert par les terrains plus récents.	
Silurienne, 5000^m	silurien en bloc 5000^m	Schistes siluriens métamorphiqnes; talqueux et micacés, avec filons de fraidronite, de quartz, de plomb, de cuivre, antimoine, et gisements de fer oxidulé. Environs de Vialas, de Villefort, chaîne du Rouvergue, environs de La Salle, Saint-Jean-du-Gard, Saint-Sauveur-de-Pourcils, Malbosc (Ardèche), La Valmy près Saumane. Ces schistes sont traversés aux environs de Vialas, Saint-Jean-du-Gard, La Salle, le Vigan, Valleraugue, par des masses de granite porphyroïde amphibolique. Ils renferment, aux environs de Valleraugue, Sumène, le Vigan, des couches subordonnées de calcaire magnésien souvent métallifère (source d'Isis au Vigan). Ils se rattachent par la base aux gneiss et aux granites à petits grains des massifs de la Lozère, qui forment les parties primordiales de l'écorce solide du globe.	5000^m

Formations	TERRAINS	ÉTAGES	Épaisseur
Silurienne, 5000m	Silurien en bloc 5000m (Suite.)	Les caractères paléontologiques et minéralogiques font absolument défaut par suite du métamorphisme général de ces roches, et l'on ne peut en opérer la division en terrains et étages qu'à l'aide du relief et de l'orientation des strates, et par une étude suivie de proche en proche jusque dans les localités où existent des étages siluriens déjà connus, pour les y rattacher, si c'est possible. Ce travail n'a pas été encore entrepris, et l'on doit se borner quant à présent à considérer, seulement dans leur ensemble, les masses talco-schisteuses des Cévennes, dont l'épaisseur dépasse celle de toutes les formations superposées.	

Nota. — La lettre (D) indique les étages signalés et décrits par Émilien Dumas.

Nous croyons utile d'éclaircir les énoncés sommaires du tableau que nous venons de présenter par quelques observations destinées aussi à appeler l'attention sur certains *désiderata* de la géologie du Gard, qui se rattachent à des points litigieux de la science.

D'une manière générale, il serait, dès à présent, très-utile de mettre en œuvre les matériaux déjà nombreux, rassemblés sur le Gard par les géologues du pays, de rechercher les horizons fossilifères bien caractérisés de nos terrains, et d'en indiquer la faune et la flore. Ces divisions par zones fossilifères n'ont pas, il est vrai, le caractère de précision absolue que semblait leur attribuer le savant professeur de Munich, Oppel, qui en a fait un si grand usage. Elles sont évidemment insuffisantes à elles seules pour la détermination des étages naturels tels qu'on doit les considérer, car les caractères essentiels de ces derniers ne sont pas tous du ressort exclusif de la paléontologie; mais il n'en est pas moins vrai que la détermination précise des horizons fossilifères suivant la méthode d'Oppel doit figurer au premier rang parmi les recherches indispensables à la connaissance complète d'une région limitée, et que la science ne peut plus se contenter aujourd'hui des listes de fossiles données en bloc pour un étage qui a parfois plus de 100 mètres d'épaisseur, ainsi que nous avons été obligé souvent de le faire dans notre tableau, à cause de l'insuffisance actuelle des données sur cet objet. Il y aura donc lieu de reprendre un à un tous les étages dont nous avons présenté la succession, et de tracer dans chacun d'eux les horizons fossilifères à leur véritable place. Dans le Gard, en particulier, où les gîtes métallifères des formations jurassique et triasique sont souvent subordonnés à des assises fossilifères, et où les diverses couches de houille présentent des flores spéciales, la recherche des horizons fossilifères nettement définis aurait, indépendamment de son utilité pour la science, une portée pratique dont le mineur retirerait un très-grand profit.

Il est facile de reconnaître dans la division supérieure des calcaires lacustres éocènes l'équivalent des dépôts gypseux à Palœotherium d'Aix et de Montmartre.

Les assises rouges inférieures du village d'Euzet représentent également les dépôts d'Alet, de l'Aude, de l'Hérault et de la Provence infra-nummulitiques et appelés Garumniens par M. Leymerie. L'étage nummulitique du Midi étant d'ailleurs inférieur aux dépôts gypseux à Palœotherium, il ne serait pas impossible que nos deux divisions inférieures des calcaires lacustres comprissent l'équivalent lacustre des dépôts nummulitiques, ou tout au moins l'équivalent des calcaires du Montaiguet, dont les assises inférieures sont rapportées à l'époque nummulitique par M. Matheron. (*Bull. Soc. géol. de France*, 2e série, t. 25, p. 772. 1867.)

Il y aurait lieu par exemple de rechercher dans nos calcaires inférieurs la faune des couches du Montaiguet signalée par M. Matheron.

Les calcaires durs à pâte fine, subspathiques, de Champcrébat près Vagnas, criblés de tubulures et riches en empreintes végétales de Dycotilédones, méritent d'être étudiés dans leurs fossiles : ils forment l'assise la plus inférieure des calcaires lacustres des environs de Barjac et recouvrent les argiles bitumineuses et lignitifères de Vagnas, dont ils sont toutefois indépendants, puisqu'ils les débordent en certains points, et sont plaqués alors sur le calcaire à hippurites; ils renferment des concrétions pyriformes assez irrégulières qui sont peut-être d'origine organique, et des moules très-nombreux de lymnées? remplis par du carbonate de chaux spalhique.

Il n'a pas été possible de décider jusqu'ici si les dépôts d'argiles et les lignites de Vagnas, de Vénejan, Montaren, Cornillon, Saint-Laurent, etc., qu'on trouve dans des bassins séparés, et qui sont intercalés entre les calcaires à hippurites, sur lesquels ils reposent et les calcaires lacustres (rarement le lacustre rouge, sauf à Vagnas) qui les recouvrent, forment plusieurs niveaux distincts. D'Orbigny et après lui M. Coquand ont placé les lignites de Piolenc dans la craie supérieure. La différence de *facies* que l'on observe entre ces dépôts très-rapprochés cependant les uns des autres et placés dans des conditions semblables, nous fait penser qu'ils sont d'âges différents, et qu'ils pourraient alors correspondre les uns aux argiles de Rognac ou aux dépôts lignitifères de Fuveau, les autres à ceux du plan d'Aups, plus anciens que les précédents. La détermination des restes fossiles peu connus jusqu'ici pourra seule donner la solution de cette question.

Il y a dans le Gard une discordance absolue entre le calcaire à Chama (Requienia Lonsdalii) et les marnes aptiennes à *Plicatula placunea* et *Belemnites semi-canaliculatus* qui les recouvrent sur 25 mètres d'épaisseur. Il n'y a rien de commun entre ces deux étages, et rien de semblable aux alternances de roches et de faunes urgo-aptiennes que M. Coquand a signalées en Espagne. Les épaisseurs considérables assignées à ces assises hispano-pyrénéennes par M. Coquand (*Monographie de l'Aptien de l'Espagne,* Marseille 1866) devraient correspondre à la lacune incontestable qui existe dans le Gard entre les deux étages Urgonien et Aptien. L'Aptien du Gard est un dépôt essentiellement côtier et marno-argileux dont le rivage était formé par le calcaire à Chama. Jamais rivages mieux accusés que ceux de ce calcaire à Saint-Laurent-Lavernède, à Goudargues, à Fontcouverte; les huîtres et les céphalopodes, parmi lesquels des ammonites de grande taille rappelant les formes de l'*Ammonites Arnaudi Coq.*, gisent sur le sol, au contact des marnes et des calcaires. Les calcaires à Chama du Gard présentent au contraire un *facies* corallien et une grande ressemblance extérieure avec les calcaires jurassiques de la même région supérieurs à l'oxfordien. Comme ceux-ci, ils succèdent à des bancs calcaires très-réglés, tandis qu'ils n'offrent eux-mêmes qu'une stratification très-confuse, entrecoupée de fissures et de crevasses énormes. Le calcaire à Chama du Gard est un véritable Klippenkalk néocomien.

Les parois verticales de près de 100 mètres de hauteur, qui encaissent l'Ardèche en aval de Vallon, et qui sont d'un aspect si imposant, rappellent à s'y méprendre les grandes coupures presque aussi élevées dans lesquelles, à quelques lieues en amont, coule le Chassézac, affluent de l'Ardèche, taillées dans le Klippenkalk supra-oxfordien.

Les calcaires blancs coralloïdes de la Sérane et du bois de Mounier, stratigraphiquement supérieurs aux roches ruiniformes qui couronnent l'oxfordien dans les contreforts cévenniques et au bois de Païolive, ont attiré dans ces derniers temps, surtout depuis le mémoire d'Oppel (*Die Tithonische Etage.* 1865) l'attention particulière des géologues. MM. Coquand et Boutin ont publié (*Bull. Soc. géol.*, t. 26, p. 834. 1869), sur les environs de Ganges, un intéressant mémoire qui a très-nettement établi la succession des étages néocomiens, mais qui nous paraît, avec M. Hébert, produire sur l'âge des calcaires blancs des conclusions motivées d'une manière insuffisante. M. Hébert nous fait espérer une description complète et rigoureuse des espèces recueillies par M. Jeanjean, de Saint-Hippolyte. Ce travail sera pour la géologie du Gard un jalon précieux, comme celui de M. Pictet sur la faune de Berrias.

Emilien Dumas avait en 1846 délimité les assises de la

Sérane et du bois de Mounier, et fixé leur position précise entre les calcaires massifs, ruiniformes, qui couronnent l'oxfordien, et les couches néocomiennes inférieures à *Terebratula Diphyoïdes*. Il les avait de plus rapportées à l'étage du coral-rag, par l'examen des brachiopodes, gastéropodes et polypiers qu'elles renferment. Aucun fait nouveau de quelque importance n'a été ajouté sur ce sujet aux énoncés d'Emilien Dumas; mais les fossiles ramassés depuis, plus à loisir et dans un meilleur état de conservation, par M. Jeanjean, paraissent devoir, par suite d'une détermination plus rigoureuse, perdre décidément leur caractère corallien et prendre celui des calcaires à *Diceras Lucii* et à *Terebratula Moravica,* de Rougon, de l'Echaillon, d'Inwald, du mont Salève, etc., dont l'âge précis est encore en litige.

L'épaisseur considérable (150 mètres) des calcaires de la Sérane ajoutée à celle des calcaires ruiniformes supra-oxfordiens qui les supportent (50 mètres) permet, il est vrai, de penser qu'il y a autre chose que le coral-rag proprement dit au dessus de l'oxfordien des Cévennes. Mais faut-il voir dans l'ensemble de ces dépôts, et avec un *facies* propre, les représentants complets des étages jurassiques supérieurs, corallien, kimméridien et portlandien? faut-il, suivant les idées d'Oppel, admettre la même opinion, avec cette seule différence que les étages jurassiques supérieurs ont pris ici la forme tithonique faut-il au contraire ne voir, comme Emilien Dumas, dans les calcaires de la Sérane, qu'un seul étage dont l'âge précis, au lieu d'être celui du coral-rag comme il le pensait, est encore à fixer, comme celui des calcaires du Salève, de l'Echaillon, d'Inwald?... c'est ce que des études comparatives plus suivies décideront plus tard. Il est toutefois incontestable que ces calcaires, dans les environs de Ganges, sont incorporés à la formation jurassique dont ils constituent la partie supérieure et qu'ils ne se rattachent en aucune façon aux couches néocomiennes à *Terebratula Diphyoïdes*. Ce fait capital avait été reconnu par Emilien Dumas.

Si l'étage tithonique d'Oppel, réduit à deux termes essentiels, l'un d'affinités néocomiennes, celui des calcaires de Stramberg et des assises à *Terebratula Janitor* infra-Berriasiennes, l'autre d'affinités jurassiques, celui des calcaires à *Terebratuta Moravica* et *Diceras Lucii,* sort victorieux de l'épreuve minutieuse dont il est l'objet, il deviendra effectivement le trait d'union cherché en vain jusqu'ici entre les formations jurassique et crétacée, et les environs de Ganges présenteront seulement la partie inférieure de l'étage tithonique ainsi défini, l'absence de la partie supérieure correspondant à la discordance reconnue des calcaires blancs avec les couches à *Terebratula Diphyoïdes*. Mais il faut, pour qu'il en soit ainsi, que les calcaires à *Terebratula Moravica* soient positivement reconnus comme supérieurs aux calcaires portlandiens, et que les calcaires à *Terebratula Janitor*, de Stramberg et de Grenoble, soient reconnus positivement inférieurs à l'étage Berriasien, car sans cela l'étage tithonique d'Oppel n'a plus de raison d'être tel qu'on le comprend. Jusqu'à ce que ces questions soient résolues, il serait prématuré de se prononcer sur les rapports d'équivalence des étages jurassiques supra-oxfordiens des Cévennes, avec ceux du bassin anglo-parisien, ainsi que l'a fait observer M. Hébert (*Bull. Soc. géol.*, t. 27, p. 107. 1869).

Nous avons placé dans l'accolade du terrain jurassique moyen, ou de l'oolite, l'étage des houilles stipites des Causses et de la Dourbie, et l'étage dolomitique qui le surmonte. Dans cette région Ouest des Cévennes, ce dernier est recouvert directement par les calcaires lithographiques oxfordiens à *Ammonites plicatilis*, et les deux étages inférieurs du terrain jurassique moyen font défaut. Au contraire, dans la partie Est du département, à partir des environs du Vigan, ce sont les marnes grises feuilletées à *Belemnites hastatus*, qui reposent directement sur les calcaires à Entroques. L'étage des houilles stipites et la dolomie superposée n'existent plus. On pourrait donc se demander si ces étages ne sont pas équivalents deux à deux, et s'ils ne se substituent pas les uns aux autres par une simple modification de *facies;* nous inclinons à ne pas le penser, parce que dans l'Est du département tous les termes du terrain jurassique moyen sont étroitement liés les uns aux autres, tandis que dans l'Ouest, l'étage calcaire oxfordien à *Ammonites plicatilis* se montre indépendant des dolomies infra-oxfordiennes, qu'il ne recouvre pas toujours. Toutefois, de nouvelles recherches sont indispensables pour trancher la question, et c'est à la montagne de la Tessonne, près le Vigan, et dans ses environs qu'on trouvera probablement le nœud de cette difficulté.

www.ingramcontent.com/pod-product-compliance
Lightning Source LLC
LaVergne TN
LVHW021648170726
843501LV00007B/2470

* 9 7 8 2 3 2 9 6 4 9 8 8 7 *